FRAGMENTS

DE M^R DE LULLY,

BALLET

REPRESENTE'

PAR L'ACADEMIE ROYALE DE MUSIQUE.

Le dixiéme jour de Septembre 1702.

A PARIS,

Chez CHRISTOPHE BALLARD, seul Imprimeur du Roy
pour la Musique, ruë S. Jean de Beauvais, au Mont-Parnasse.

M. DCC. II.
Avec Privilege de Sa Majesté.

L'E PRIX EST DE TRENTE SOLS.

PERSONNAGES
DU PROLOGUE.

POLYMNIE,   Mademoiselle Maupin.
EUTERPE,   Mademoiselle Desmâtins.
MELPOMENE,   Mademoiselle Du Peyré.

Suite des Trois Muses.

Noms des Personnages, chantants dans tous les Chœurs.
du Prologue & du Ballet.

SECOND RANG.   PREMIER RANG.

MESDEMOISELLES.

Cenet.	Du Peyré.	Lalleman.	Loignon.
Basset.	D'Humé.	Clement, la cad.	Du Val.

MESSIEURS.

Gaudechaut.	Pellefrene.	Jolain.	Bertrand.
Le Jeune.	Ricourt.	Labé.	Le Févre.
Prunier.	Solé.	Desvoix.	Benac.
Frere.	La Coste.	Le Brun.	Lavernet.
Courteil.	Cadot.	Mantienne.	

A ij

DIVERTISSEMENT
du Prologue.

CINQ GUERRIERS.

Monfieur Dumoulin le cadet.

Meffieurs Germain , Dumoulin l'aîné, Blondy
& Ferrand.

QUATRE PASTRES.

Meffieurs Dumirail , Bouteville, Dangeville l'aîné
& Lafele.

QUATRE BERGERES.

Mefdemoifelles Dangeville , Freville , Defmâtins
& Laferriere.

PROLOGUE.

Le Théatre represente un Lieu Magnifique, preparé
par les soins de POLYMNIE.

SCENE PREMIERE.

POLYMNIE, & sa Suite.
POLYMNIE.

Slevez vos concerts
Au dessus du chant ordinaire ;
Songez que vous avez à plaire
Au plus grand ROY de l'Univers.

Le grand Titre de ROY n'est que sa moindre gloire,
Il est encor plus grand par ses Travaux Guerriers ;
Et sa propre Valeur a cüeilly les Lauriers
Dont il est couronné des mains de la Victoire.

Suivez la noble ardeur
Qu'il vous inspire ;
Tout ce qu'on voit dans son Empire
Se doit sentir de sa grandeur.

Du Ballet
des Ballets.

SCENE SECONDE.

MELPOMENE qui preside à la Tragedie,
& EUTERPE, qui a inventé l'Harmonie, viennent avec leur suite se joindre à POLYMNIE.

MELPOMENE.

JOignez à mes chants magnifiques
La pompe de vos ornemens ;

EUTERPE.

Joignez à mes concerts rustiques
Vos agréments
Les plus charmants.

MELPOMENE.

Vostre secours m'est necessaire,
Je cherche à divertir le plus Auguste Roy
Qui meritât jamais de tenir sous sa Loy
Tout ce que le Soleil éclaire.

LES DEUX MUSES.

C'est à moy, C'est à moy,
De prétendre à luy plaire.

MELPOMENE.

C'est moy dont la voix éclatante
A droit de celebrer les Exploits les plus grands ;
Les nobles recits que je chante
Sont les plus dignes jeux des fameux Conquerans.

EUTERPE.

C'est un doux amusement
Que d'aimables chansonnettes ;
Les douceurs n'en sont pas faites
Pour les Bergers seulement.

Les tendres amourettes
Que l'on chante à l'ombre des Bois
Sur les Musettes,
Ne sont pas quelquefois
Des jeux indignes des grands Roys.

POLYMNIE.

Il faut entre mes sœurs, que mon soin se partage :
Preparez tour à tour vos plus aimables jeux ;
Pour vous accorder je m'engage
A vous seconder toutes deux.

EUTERPE.

Commencez de répondre à mon impatience.

MELPOMENE.

Vos premiers soins sont dûs à ce que j'entreprens.

POLYMNIE.

Terminez tous vos differents.

à Melpomene.

Souffrez qu'en sa faveur aujourd'huy je commence,
Je reserve pour vous mes travaux les plus grands.

FRAGMENTS DE M. DE LULLY.

LES TROIS MUSES.

Que noftre accord eft doux !
Que tout ce qui nous fuit s'accorde comme nous.
La Suite des Mufes forme un Divertiffement.

LES TROIS MUSES.

Joignons nos foins & nos voix,
Pour plaire au plus grand des Roys.

LES CHOEURS.

Joignons nos foins & nos voix
Pour plaire au plus grand des Roys.

MELPOMENE & LE CHOEUR.

Chantons la gloire de fes Armes.

EUTERPE & LE CHOEUR.

Chantons la douceur de fes Loix.

POLYMNIE & LES CHOEURS.

Faifons tout retentir du bruit de fes Exploits.

MELPOMENE.

Formons des concerts pleins de charmes.

EUTERPE.

Faifons entendre nos Haut-bois.

MELPOMENE

MELPOMENE & LES CHOEURS.

Faifons tout retentir du bruit de fes Exploits.

POLYMNIE.

Preparons des Feftes nouvelles.

MELPOMENE.

Que nos Chanfons foient immortelles.

EUTERPE.

Que nos airs foient doux & touchants.

MELPOMENE.

Joignons aux plus aimables Chants
Les Danfes les plus belles.

LE CHOEUR.

Joignons aux plus aimables Chants
Les Danfes les plus belles.

Fin du Prologue.

PREMIERE ENTRE'E.

PERSONNAGES CHANTANTS.

MATELOTTES,

Mesdemoiselles Clement l'aînée, & Loignon.

MATELOTS.

Messieurs Chopelet & Hardoüin.

NEPTUNE,

Monsieur Dun.

Troupe de Dieux de la Mer.

PERSONNAGES DANSANTS,

Huit Matelots.

Monsieur Balon.

Messieurs Dumirail, Germain, Boureville, Dumoulin C.
Fauvau, Dangeville l'aîné, & Dangeville cadet.

Cinq Matelottes.

Mademoiselle de Subligny,
Mesdemoiselles Roze, Freville, la Ferriere & le Brun.

FRAGMENTS
DE M^R DE LULLY,
BALLET.

PREMIERE ENTRE'E.
FESTE MARINE.
Le Théatre represente la Mer.

SCENE PREMIERE.
UNE MATELOTTE.

Du Bourgeois Gentil-homme.

U N Cœur dans l'amoureux Empire
De mille soins est toûjours agité :
On dit qu'avec plaisir on languit, on soûpire ;
Mais quoy qu'on puisse dire,
Il n'est rien de si doux que nôtre liberté.

SCENE SECONDE.

DEUX MATELOTS & UNE MATELOTTE.

PREMIER MATELOT.

Il n'est rien de si doux que les tendres ardeurs,
Ils font vivre deux cœurs
Dans une même envie.
On ne peut être heureux sans amoureux desirs.
Ôtez l'amour de la vie,
Vous en ôtez les plaisirs.

SECOND MATELOT.

Il seroit doux d'entrer sous l'amoureuse loy,
Si l'on trouvoit en Amour de la foy ;
Mais, ô rigueur cruelle !
On ne voit point de Maîtresse fidelle,
Et ce sexe inconstant, trop indigne du jour,
Doit faire pour jamais renoncer à l'Amour.

PREMIER MATELOT.

Aimable ardeur !

LA MATELOTTE.

Franchise heureuse !

SECOND MATELOT.

Sexe trompeur !

PREMIER MATELOT.

Que tu m'es precieuse !

LA MATELOTTE.

Que tu plais à mon cœur !

SECOND MATELOT.

Que tu me fais d'horreur !

BALLET.

PREMIER MATELOT.

Ah ! quitte, pour aimer, cette haine mortelle.

LA MATELOTTE, au second Matelot.

On peut te montrer
Une Maîtreſſe fidelle.

SECOND MATELOT.

Hélas ! où la rencontrer ?

LA MATELOTTE.

Pour deffendre nôtre gloire,
Je te veux donner mon cœur.

SECOND MATELOT.

Mais, Cephiſe, puis-je croire
Qu'il ne ſera point trompeur ?

LA MATELOTTE.

Voyons par experience,
Qui des deux aimera mieux.

SECOND MATELOT.

Qui manquera de conſtance,
Le puiſſent perdre les Dieux !

LA MATELOTTE & LE PREMIER MATELOT.

A des ardeurs ſi belles
Laiſſons-nous enflâmer.

TOUS TROIS.

Ah ! qu'il eſt doux d'aimer,
Quand deux cœurs ſont fideles.

On entend une Symphonie qui annonce Neptune.

LE SECOND MATELOT.

Des Jeux Pythiens.
Quel noble Spectacle s'avance ?
Neptune, ce grand Dieu, Neptune avec ſa Cour,
Vient honorer ce beau Jour
De ſon auguſte preſence.

SCENE TROISIÈME.

NEPTUNE, Troupe de Dieux de la Mer,
de Matelots & de Matelottes.

NEPTUNE, sortant de la Mer.

VEnts qui troublez les plus beaux Jours,
Rentrez dans vos Grottes profondes,
Et laissez regner sur les Ondes
Les Zephirs & les Amours.

LE CHOEUR.

Ouvrons tous les yeux
A l'eclat suprême,
Qui brille en ces lieux :

TOUS ENSEMBLE.

Quelle grace extrême !
Quel port glorieux !
Où voit-on des Dieux,
Qui soient faits de même !

UN MATELOT.

Du Ballet des Muses.

Le soin de goûter la vie,
Fait icy nôtre employ ;
Chacun y suit son envie,
C'est nôtre unique loy.

L'Amour toûjours nous inspire,
Ce qu'il a de plus doux :
Ce n'est jamais que pour rire,
Qu'on aime parmy nous.

BALLET.
DEUX MATELOTTES.

Joüissons des plaisirs innocens,
Dont les feux de l'amour sçavent charmer nos sens.
Des grandeurs qui voudra se soucie,
Tous ces honneurs dont on a tant d'envie
Ont des chagrins qui sont trop cuisans.
Joüissons des plaisirs innocens,
Dont les feux de l'amour sçavent charmer nos sens.

En aimant tout nous plaît dans la vie,
Deux cœurs unis de leur sort sont contens ;
Cette ardeur de plaisir suivie,
De tous nos jours fait d'éternels Printemps.
Joüissons des plaisirs innocens,
Dont les feux de l'amour sçavent charmer nos sens.

LE CHOEUR.

Ouvrons tous les yeux
A l'éclat suprême
Qui brille en ces lieux :

TOUS ENSEMBLE.

Quelle grace extrême !
Quel port glorieux !
Où voit-on des Dieux,
Qui soient faits de même !

Fin de la premiere Entrée.

DEUXIE'ME ENTRE'E.

PERSONNAGES CHANTANTS.

PHILENE.
Monsieur Thevenard.

LICAS.
Monsieur Dun.
IRIS.
Mademoiselle Maupin.

Un Berger enjoüé,	Monsieur Desvoix.
Un autre Berger,	Monsieur Boutelou.
Une Bergere,	Mademoiselle Duperay.
Deux autres Bergeres.	Mesd. Clement L. & Dumay.

Troupe de Bergers & de Bergeres,

PERSONNAGES DANSANTS.

Quatre Bergers.

Messieurs Fauveau, Dangeville l'aîné, La Selle,
& Dangeville le cadet.

Cinq Bergeres.

Mademoiselle de Subligny,
Mesdemoiselles Rose, Demâtins, Freville, Le Brun,

& le petit Grandval.

DEUXIE'ME

DEUXIE'ME ENTRE'E.

LA BERGERIE.

Le Théatre represente une Solitude agréable.

PHILENE seul.

Du Ballet des Muses.

Aissez, cheres Brebis, les herbettes naissantes,
Ces prez & ces ruisseaux ont dequoy vous
    charmer ;
Mais, si vous desirez vivre toûjours contentes,
    Petites Innocentes,
Gardez-vous bien d'aimer.

Pour la cruelle Iris je me sens enflamer.

D

SCENE SECONDE.

LICAS.

EST-ce toy que j'entens, Temeraire, est-ce toy
Qui nomme la Beauté qui me tient sous sa loy ?

PHILENE.

Oüy, c'est moy.

LICAS.

Oses-tu bien en aucune façon
Proferer ce beau Nom ?

PHILENE.

Eh ! pourquoy non ?

LICAS.

Iris charme mon ame,
Et qui pour elle aura
Le moindre brin de flame,
Il s'en repentira.

PHILENE.

Je me mocque de cela.

BALLET.

LICAS.

Je t'étrangleray, mangeray,
Si tu nommes jamais ma Belle.
Ce que je dis je le feray :
Je t'étrangleray, mangeray ;

Il suffit que j'en ay juré :
Quand les Dieux prendroient ta querelle,
Je t'étrangleray, mangeray,
Si tu nommes jamais ma Belle.

PHILENE, en s'en allant.

Bagatelle, Bagatelle,

LICAS.

Arreste, malheureux,
Tourne, tourne visage,
Et voyons qui des deux
Obtiendra l'avantage.

PHILENE.

Iris paroît dans ce boccage.

LICAS.

Contraignons-nous quelques momens,
Pour entendre ses sentimens.

D ij

SCENE TROISIE'ME.

IRIS seule.

De la Naissance de Venus.

ROchers vous estes sourds, vous n'avez rien de
       tendre,
Et sans vous ébranler, vous m'écoutez icy :
L'Ingrat dont je me plains, est un Rocher aussi ;
Mais, helas ! il s'enfuit pour ne me pas entendre.

Ces vœux que tu faisois, & dont j'estois charmée :
Que sont-ils devenus, lâche & perfide Amant ?
Helas ! t'avoir aimé toûjours si tendrement ;
Estoit-ce une raison pour n'estre plus aimée ?

SCENE QUATRIE'ME.

IRIS, PHILENE, LICAS.

PHILENE.

Du Ballet des Muses.

DE deux cœurs que l'Amour a soumis à vos
loix,
Nous venons vous presser de vouloir faire un choix.

LICAS.

N'attendez pas qu'icy je me vante moi-même
Pour le choix que vous balancez ;
Vous avez des yeux, je vous aime,
C'est vous en dire assez.

IRIS.

Je n'offenserai point son amour ni le vôtre,
Ne vous reprochez rien tous deux ;
Mon cœur qui pour Mirtil brûle de mille feux,
Ne vous aime ni l'un ni l'autre.

PHILENE.

Helas ! peut-on sentir de plus vive douleur !
Nous preferer un servile Pasteur !
O Ciel !

LICAS.

O sort !

PHILENE.

Quelles rigueurs !

LICAS.

Quel coup !

PHILENE.

Quoy ! tant de pleurs !

LICAS.

Tant de perseverance !

PHILENE.

Tant de langueurs !

LICAS.

Tant de souffrance !

PHILENE.

Tant de vœux !

LICAS.

Tant de soins !

PHILENE.

Tant d'ardeur !

LICAS.

Tant d'amour

PHILENE.

Avec tant de mépris sont traitez en ce jour.
Ah ! cruelle !

LICAS.

Cœur dur !

PHILENE.

Tigreſſe !

LICAS.

Inexorable !

PHILENE.

Inhumaine !

LICAS.

Inflexible !

PHILENE.

Ingratte !

LICAS.

Impitoyable !

PHILENE.

Tu veux donc nous faire mourir ?
Il te faut contenter.

LICAS.

Il te faut obéir.

PHILENE.

Mourons, Licas !

LICAS.

Mourons Philene.

PHILENE prenant un javelot.

Avec ce fer finiſſons nôtre peine.

LICAS.

Pouſſe, courage ;

PHILENE.

Ferme, allons, va le premier.

LICAS.

Non, je veux marcher le dernier.

PHILENE.

Puiſqu'un même malheur aujourd'huy nous aſſemble,
Allons, partons enſemble.

SCENE CINQUIE'ME.

Troupe de Bergers & de Bergeres.
UN BERGER enjoüé.

AH! quelle folie
De quitter la vie
Pour une Beauté
Dont on est rebuté!
On peut pour un Objet aimable,
Dont le cœur nous est favorable,
Vouloir perdre la clarté :
Mais quitter la vie
Pour une Beauté
Dont on est rebuté,
Ah! quelle folie?

DEUX BERGERS.

Du Bourgeois Gentil-homme.

Ah! qu'il fait beau dans ce Boccage!
Ah! que le Ciel donne un beau jour!

Le Rossignol, sous ce tendre feüillage,
Chante aux Echos son doux retour.

Ce beau sejour,
Ce doux ramage,
Ce beau sejour,
Nous invite à l'Amour.

LES

LES DEUX BERGERS.

Voi , ma Climeine ,
Voi fous ce chêne
S'entrebaifer ces Oyfeaux amoureux :
Ils n'ont rien dans leurs vœux
Qui les gêne ,
De leurs doux feux ,
Leur ame eft pleine ;
Qu'ils font heureux !
Nous pouvons tous deux ,
Si tu le veux ,
Eftre comme eux.

UNE BERGERE & LE CHOEUR.

De la Princeffe d'Elide.

Ufez mieux , ô Beautez fieres ,
Du pouvoir de tout charmer ,
Aimez , aimables Bergeres ,
Nos cœurs font faits pour aimer :
Quelque fort qu'on s'en deffende ,
Il y faut venir un jour ;
Il n'eft rien qui ne fe rende
Aux doux charmes de l'amour.

Songez de bonne heure à fuivre
Le plaifir de s'enflamer :
Un cœur ne commence à vivre
Que du jour qu'il fçait aimer :

Quelque fort qu'on s'en défende,
Il y faut venir un jour ;
Il n'eſt rien qui ne ſe rende
Aux doux charmes de l'Amour.

CHOEUR,

Du Bourgeois Gentilhomme.

Quel ſpectacle charmant, quel plaiſir goûtons-nous,
Les Dieux mêmes, les Dieux n'en ont point de
plus doux !

Fin de la troiſiéme Entrée.

TROISIEME ENTRE'E.

PERSONNAGES CHANTANTS.

CLEANDRE, *Epoux de Cephise.* Mr Cochereau.

CEPHISE, *Epouse de Cleandre.* Madem. Lalleman.

ZERBIN, *Valet de Cleandre.* Monsieur Dun.

DORINE, *Suivante de Cephise.* Mademoisͭ. Vincent.

Troupe de Masques

Un Masque, Monsieur

Troupe de Spectateurs du Bal.

TROISIE'ME ENTRE'E.

PERSONNAGES DANSANTS.

Troupe de Masques Espagnols.

Messieurs Dumirail, Germain & Bouteville.

Mesdemoiselles Dangeville, Victoire & Rose.

Un Masque, Monsieur Balon.

TROISIE'ME ENTRE'E.

LE BAL INTERROMPU.

Le Théatre repréfente une Salle préparée
pour le Bal.

SCENE PREMIERE.

CLEANDRE déguifé, ZERBIN.

ZERBIN.

Ous ce déguifement, quel eft vôtre entre-
prife ?
    Voulez-vous furprendre Cephife,
Et luy cacher vôtre retour ?

FRAGMENTS DE Mr DE LULLY,

CLEANDRE.

Que son cœur répond mal à mon fidele amour !

A peine de l'Hymen nous avions pris les chaînes,
Qu'un devoir imprevû m'éloigna de ces lieux :
J'esperois que son cœur partageroit mes peines,
Et que je coûterois quelques pleurs à ses yeux :
Je croyois être aimé ; Quelle étoit ma foiblesse !
De retour auprés d'elle, aprés mille regrets,
Loin de voir regner la tristesse,
Je vois d'un Bal pompeux les outrageants apprêts.

ZERBIN.

Deviez-vous vous flater de l'esperance vaine
Que vôtre éloignement affligeroit son cœur ?
L'absence d'un époux est pleine de douceur,
Et sa presence est une gêne.

CLEANDRE.

Jamais l'Hymen avec l'Amour
Ne sera-t'il d'intelligence ?
C'est à luy qu'il doit sa naissance ;
Mais il ne sçauroit plus d'un jour
Souffrir ses feux & sa présence :
Jamais l'Hymen avec l'Amour
Ne sera-t'il d'intelligence ?

ZERBIN.

Si l'Hymen par de dures Loix
Détruit l'Amour & sa puissance,
L'Amour mécontent quelquefois
Prend le soin d'en tirer vangeance.

BALLET.

CLEANDRE.

Je veux troubler ces Jeux dans mon jaloux transport.

Avant que la feste commence,
Va trouver l'Objet qui m'offense,
Au lieu de mon retour, annonce-luy ma mort,
Je verray si ses yeux me donneront des larmes.

ZERBIN.

Peut-être cherchez-vous de nouvelles allarmes.

Un époux qui veut vivre heureux
Doit toûjours vivre en assûrance :
Quand de l'Objet qu'on aime on soupçonne les feux,
Il n'est rien de si dangereux
Que d'en faire l'experience ;
Un époux qui veut vivre heureux
Doit toûjours vivre en assûrance.

CLEANDRE.

J'en brave le succez : va, ne prends d'autre soin
Que celuy de tromper Cephise :
Sous ce déguisement que le Bal autorise,
Sans crainte d'être vû, j'en seray le témoin.

Il sort.

ZERBIN.

Que je plains son erreur ! mais Cephise s'avance,
D'une vive douleur, empruntons l'apparence.

****

SCENE SECONDE.

CEPHISE , ZERBIN , DORINE.

ZERBIN.

O Ciel ! ô fort cruel ! que mon fatal retour
Va caufer icy de trifteffe !

CEPHISE.

à part.   à ZERBIN.

Dieux , que vois-je ! Cleandre eft-il en ce fejour ?
D'où vient la douleur qui te preffe ?

ZERBIN.

O Ciel ! ô fort cruel ! que mon fatal retour
Va caufer icy de trifteffe !

CEPHISE.

D'où vient ce trouble affreux ? d'où naiffent tes foupirs ?
Pourquoy ne vois-je point Cleandre ?

ZERBIN.

Non , vous ne devez plus l'attendre ,
Un deftin rigoureux l'arrache à vos defirs.

CEPHISE.

Cleandre... juftes Dieux ?

ZERBIN.

Ma douleur eft extréme ,
De fon trépas je fus témoin moy-même !

BALLET.

CEPHISE.

Ah ! dans quel defefpoir va me jetter fa mort !

ZERBIN à part.

O ! prodige ! elle l'aime !

CEPHISE à part.

O trop funefte fort !

à ZERBIN.

Quel temps as-tu choifi pour venir me l'apprendre ?
La fefte & mes plaifirs vont être interrompus ,
Quelle douleur !

ZERBIN à part.

O Ciel ! ce n'eft point pour Cleandre !
Pour les Jeux feulement ces pleurs font répandus ,
Quel amour !

CEPHISE à part.

Un efpoir me refte :

à ZERBIN.

N'as-tu point declaré ce trépas fi funefte ?

ZERBIN.

On l'ignore : en fecret j'arrive en ce féjour.

CEPHISE.

Je refpire : prends foin de garder le filence ,
Suy les pas de Dorine , & cache ton retour ,
Tu feras fatisfait de ma reconnoiffance.
N'interromps point les Jeux que j'aprête en ces lieux,
Va , fais ce que je te commande ,
Quand le jour renaiffant paroîtra dans les Cieux ,
Tu pourras te montrer , & j'ouvriray mes yeux
Aux pleurs que fa mort me demande.

SCENE TROISIEME.

ZERBIN, DORINE.

ZERBIN à part.

Que Cleandre sera charmé !
Non, il ne fut jamais un époux plus aimé !
Sexe trompeur, quelle est ton inconstance !

DORINE à part.

Tourne-t'il ses regards sur moy ?
Autrefois il suivoit ma loy ;
Mais son cœur s'est servy du secours de l'absence.

ZERBIN à part.

Sexe trompeur, quelle est ton inconstance !

DORINE à ZERBIN.

Aprés avoir souffert un rigoureux tourment,
Je goûte à te revoir une douceur extrême :
Ah que c'est un plaisir charmant
De retrouver ce que l'on aime !
Pour nôtre heureux Hymen j'attendois ton retour.

BALLET.

ZERBIN.

Non, ne me parle plus ny d'hymen, ny d'amour.

Qu'un autre s'engage
Dans des nœuds si dangereux :
Sur l'exemple des malheureux
J'ay resolu d'être plus sage.

DORINE.

Tu trahis tes serments, & tu reprends ton cœur.
Pour toy j'aurois brûlé d'une ardeur éternelle,
Tu perds en me quittant le plus rare bonheur,
Tu perds un épouse fidelle.

ZERBIN.

Aujourd'huy la fidelité
Est une vertu qu'on ignore,
Serois-tu ce Phenix si long-temps souhaité
Qu'aucun n'a pu trouver encore ?

DORINE.

Trouve-t'on parmy vous un amour plus constant ?
Non, non reprends ton cœur, le mien en est content.

L'hymen est une mer trop sujette à l'orage,
Nous aurions tous deux à risquer :
Puisque tu crains de t'embarquer,
Je crains à mon tour le naufrage.

ZERBIN.

Quand on a quitté le rivage,
On se plaint en vain de son sort :
Il ne reste plus d'autre port
Que celuy d'un heureux veuvage.

FRAGMENTS DE M^r DE LULLY,
TOUS DEUX.

Gardons-nous de nous engager,
Fuyons l'hymen, fuyons ses peines,
Ne portons jamais d'autres chaînes
Que celles que l'on peut changer.

On entend une Symphonie qui commence le Bal.

DORINE.

On s'assemble, quitte ces lieux,
Va, tu dois prendre soin de tromper tous les yeux.

SCENE QUATRIE'ME.

CEPHISE, CLÉANDRE masqué, DORINE, Troupe de MASQUES & de SPECTATEURS.

CHŒUR.

*C*Hantons, rejoüissons-nous,
Le temps du plaisir se presente,
Ce temps vole, s'enfuit, & trompe nôtre attente,
Hâtons-nous d'en goûter les charmes les plus doux.

Le Divertissement commence.

BALLET.

CEPHISE.

Nos Jeux ont des plaisirs charmants
Pour les cœurs que l'Amour engage ;
Ce Dieu, pour flater les Amants,
En a seul introduit l'usage :
Sous ces déguisements confus
Il donne de l'audace aux Belles,
Il trompe les yeux des Argus
En servant les Amants fideles.

Beautez qui venez de nos cœurs
Dans ces lieux faire la conquête,
Craignez que ces belles ardeurs
Ne finissent avec la feste :
Si-tôt qu'on vous voit un moment
Chacun vous jure qu'il vous aime,
L'amour qui vient si promtement
S'en retourne souvent de même.

Le Divertissement continuë.

UN MASQUE.

Amour, en cet heureux moment
Anime les feux de l'Amant,
Et rends la Beauté moins severe :
Parmy les ombres de la nuit
C'est ton flambeau qui nous éclaire,
Et le plaisir qui nous conduit.

FRAGMENTS DE Mʳ DE LULLY.

CEPHISE, aprés avoir dansé avec un MASQUE du Bal,
s'approche de CLEANDRE, & veut le prendre pour danser;
CLEANDRE se démasque, mais CEPHISE cache sa
surprise, & tâche de s'excuser en luy faisant accroire qu'elle
avoit sçû son retour.

CLEANDRE.

Perfide, si ma mort n'a pû vous affliger,
Ma presence du moins va vous être un supplice.

CEPHISE.

J'avois appris vôtre artifice,
Dans mon juste dépit, j'ay voulu me vanger

Un époux qui cherche à feindre
Pour éprouver nôtre amour,
Ne doit pas se plaindre
Que l'on feigne à son tour.

CLEANDRE.

Dois-je encore la croire sincere ?
N'importe : mon erreur aura dequoy me plaire.

Fin de la troisiéme Entrée.

TROISIE'ME ENTRE'E.

UN DOCTEUR *Venitien*, *Jaloux*. Monfieur Dun.

LEONORE, *Efclave*, *aimée* DU DOCTEUR.
Mademoifelle Sallé.

NERINE, *petite vieille Venitienne.*
Monfieur Boutelou.

ERASTE, *Noble Venitien*, *Amant* DE LEONORE.

Monfieur Thevenard.

Troupe de Scaramouches.

Troupes de Venitiens & de Venitiennes du Voifinage du DOCTEUR.

UN VENITIEN, Confident D'ERASTE,

Monfieur Cocherau.

UNE VENITIENNE, Mademoifelle Cocherau.

E 2

PERSONNAGES DANSANTS.

Deux Venitiens, Meſſieurs Javilier, & Roſe.

Trois Scaramouches. Meſſieurs L'Evêque, Dubreuil & Dumay.

Un Hollandois,	Monſieur Dangeville l'aîné.
Une Hollandoiſe,	Mademoiſelle Dangeville.
Un François,	Monſieur Fauveau.
Une Françoiſe,	Mademoiſelle la Ferriere.
Un Allemand,	Monſieur Germain.
Une Allemande,	Mademoiſelle Roſe.
Un Oriental,	Monſieur Dumoulin l'aîné.
Femme du Nord,	Mademoiſelle Victore.

TROISIE'ME ENTRE'E.

LA SERENADE VENITIENNE.

Le Théatre represente une Place publique où est la
Maison du Docteur.

SCENE PREMIERE.

LE DOCTEUR seul.

*Mour impitoyable,*
Tous les cœurs doivent-t'ils se soumettre à ta
loy ?
Sous le poids de mes ans, quelle honte pour moy
D'être encore amoureux, & n'être plus aimable !

Leonore est l'objet de mon fatal amour,
Je la tiens enfermée & je la cache au jour.

Une fille est toûjours volage,
Si contre son penchant, son cœur n'est retenu:
Toûjours preste à faire naufrage,
Le vain secours de sa vertu
La défend mal contre l'orage.

E 3

FRAGMENTS DE Mr DE LULLY,

Je crois en être aimé ; Pourquoy non ? N'ay-je pas
encore des appas ?

Je ne suis plus dans la jeunesse ;
Mais, malgré l'outrage des ans,
L'Or rendra tout possible à l'ardeur qui me presse :
Il n'est point en amour de charmes plus puissants
Que les charmes de la richesse.

Il va ouvrir la porte de sa Maison
& en fait sortir Leonore.

SCENE SECONDE.

LE DOCTEUR, LEONORE.

LE DOCTEUR.

à part.

Venez… je vais sçavoir les secrets de son cœur.

à Leonore.

Voyez ce que pour vous va faire mon ardeur.

Vous êtes mon Esclave, une loy souveraine
Condamnoit tous vos jours à la captivité ;
    Mais je veux briser vôtre chaîne,
    Et je vous rends la liberté.

LEONORE.

La liberté ? Dieux ! quel bonheur extrême ?
Puis-je trop reconnoître un don si prétieux ?
    Ma liberté ! que je vous aime !

LE DOCTEUR *à part.*

Je ne me trompois pas, nous plaisons à ses yeux.

à Leonore.

Je veux faire encore plus, & l'Amour qui m'engage
M'oblige à devenir aujourd'huy vôtre Epoux.

LEONORE.

Mon Epoux ?

LE DOCTEUR.

Vôtre sort vous en paroît plus doux ?

FRAGMENTS DE M^r DE LULLY.

LEONORE.

Remettez-moy dans l'esclavage.

LE DOCTEUR.

Ingrate, c'est donc là le fruit de mes bienfaits ?

LEONORE.

Vos bienfaits à ce prix n'ont plus pour moy d'attraits :

Vous voulez qu'avec vous un triste hymen m'engage,
Du plus cruel effroy, mon cœur est agité :
    Me faire changer d'esclavage,
    Est-ce me mettre en liberté ?

LE DOCTEUR.

    D'où peuvent naître ses allarmes ?
    Devenez sensible à mes feux ,
    L'Hymen offre toûjours des charmes
    Avec un Epoux amoureux.

LEONORE.

Cette chaîne avec vous me paroît effroyable.

LE DOCTEUR.

Cruelle, je vous aime, & vous vous allarmez ?

LEONORE.

    Je ne sçais pas si vous m'aimez ;
Mais je sçais qu'à mes yeux vous n'êtes point aimable.

LE DOCTEUR.

    Ton cœur méprise un feu si beau,
    Insensible, Inhumaine,
Va, rentre dans tes fers : pour mériter ta haine ,
Je veux te tourmenter jusque dans le Tombeau.

Il la fait rentrer dans sa Maison.

SCENE TROISIE'ME.

LE DOCTEUR NERINE.

NERINE.

EN génant toûjours une belle,
Esperez-vous être aimé d'elle?

   Un jeune cœur est irrité
   Par la contrainte & l'esclavage ;
   Un oyseau que l'on tient en cage
   Cherche toûjours la liberté,
   La liberté, la liberté.

LE DOCTEUR.

   Vous qui condamnez ma méthode,
   Vous faites voir trop de bonté ;
   Chacun a pour vivre à sa mode
   La liberté, la liberté.

NERINE.

   Grace au Ciel ; nous avons des charmes,
   Mille Amants me rendent les armes ;
   Si jamais j'avois un Epoux,
   Et qu'il fût comme vous severe ;
   Pour punir ses transports jaloux,
   Je sçais ce que j'aurois à faire.

FRAGMENTS DE M^r DE LULLY.

LE DOCTEUR.

Hé, qui seroit jaloux de vous ?

NERINE.

De moy !

LE DOCTEUR voyant Nerine en colere.

L'Amour vous fit pour plaire :
Si contre les Rivaux on prétend vous garder ;
Celuy qui doit vous posseder
N'aura pas un jour peu d'affaire.

En se mettant en colere.

Gardez vos beaux avis, & nous laissez en paix,
J'ay des yeux, & je veux veiller sur ses attraits.

NERINE.

Argus avoit des yeux plus ouverts que les vôtres,
Ses soins contre l'Amour furent tous superflus ;
Un Epoux qui devient Argus
Est plûtôt trompé que les autres.

Le Docteur rentre dans sa Maison.

NERINE.

Eraste est son Rival ; que mon sort seroit doux,
Si je pouvois aider à tromper ce Jaloux !

BALLET.

SCENE QUATRIE'ME.

Cette Scene se passe dans la nuit.

ERASTE , SCARAMOUCHES de sa Suite,

Un Confident D'ERASTE.

ERASTE.

*L*A nuit a déployé ses voiles ,
Déja de toutes parts les brillantes Etoiles ,
Témoins discrets des plaisirs amoureux ,
Semblent favoriser mes feux.

à sa suite.

Suivez-moy : l'Objet que j'adore
Gemit sous le pouvoir d'un Rival odieux ;
Avant le retour de l'aurore
Il faut l'arracher de ces lieux.

Il donne une Lettre à un Scaramouche qui escalade
le Balcon avec tous les autres.

FRAGMENTS DE M^r DE LULLY.

ERASTE & son Confident.

D'un geloso cuore,
Triomfa l'Amore.
Venite Amanti,
A le nostre pene,
D'Amorosi Mirthi,
Portate corone.
D'un geloso cuore,
Trionfa l'Amore.

LE DOCTEUR sur son Balcon.

D'Amorosi Mirthi,
Portate corone.
Ahi ladri, furfanti,
Portate bastoni.

Voyant LEONORE que les Scaramouches luy ont enlevée,
tandis qu'il garde le Balcon.

O désespoir fatal !
Leonore avec mon Rival !

Il veut aller aprés elle, les Scaramouches le saisissent, & aprés
l'avoir bâtonné en ceremonie ils le forcent à rentrer chez luy,
& luy font de profondes reverances.

SCENE DERNIERE.

LEONORE, ERASTE, Troupes de Venitiens &
de Venitiennes du voisinage du Docteur qui
viennent se réjoüir de ce qu'il a esté duppé.

CHOEUR.

CHantons tous d'un Jaloux la honte & la défaite.

LEONORE & ERASTE.

Rien ne s'oppose à nos désirs,
Goûtons une douceur parfaite,
Ses soins & ses tourments augmentent nos plaisirs.

CHOEUR.

Chantons tous d'un Jaloux la honte & la défaite.

LEONORE.

Pargoleti faretrati,
Che di cuori
Prede fate :
Venite, volate.
Non fugite più.
Nel mio sen sempre portate,
L'amorose servitu.
                    Da Capo.

E 7

FRAGMENTS DE M. DE LULLY,
UNE VENITIENNE.

Insensibles Beautez, redoutez la vangeance
De l'Amour que vous offensez :
Vous laisser vôtre indifference,
Ce seroit vous punir assez.

Pour les cœurs sans desirs, il n'est rien que des peines,
En Amour tout sçait nous flatter ;
Mais qui craint de si douces chaînes,
Est indigne de les porter.

CHOEUR.

Venez fideles cœurs,
Les Amours vous appellent ;
Que parmy leurs douceurs
Vos feux se renouvellent ;
Fuyez, fuyez, tristes Jaloux,
Les peines, les tourments sont reservez pour vous.

Fin de la Troisiéme Entrée.

DIVERTISSEMENT COMIQUE.

PERSONNAGES CHANTANTS.

CARISELLI, *Begue Amoureux*,
Monsieur Boutelou.

VAFRINNA, *aimée de* CARISELLI,
Mademoiselle Maupin.

GARBINI, *aimée de* VAFRINNA, Mr Hardoüin.

TROIS MASQUES COMIQUES,
qui prennent soin d'embellir CARISELLI,
Messieurs Thevenard, Dun & Desvoix.

PERSONNAGES DANSANTS.

DEUX MATASSINS.
Messieurs Roze & Javiliers.

Troupe de Masques de toutes façons.

ESPAGNOL,	Monsieur Germain.
ESPAGNOLETTE,	Mademoiselle Victoire.
BOHEMIEN,	Monsieur Durnay.
BOHEMIENNE,	Mademoiselle la Fargue.
PANTALON,	Monsieur Ferand.
PANTALONNE,	Mademoiselle Roze.
POLICHINELLE,	Monsieur Dumoulin, cadet.
DAME GIGOGNE,	Monsieur Fauveau.

ARLEQUINS & ARLEQUINES.
Monsieur Bouteville & Mademoiselle la Ferriere,
Monsieur Dupré & Mademoiselle Provost.

F

DIVERTISSEMENT COMIQUE,

CARISELLI.

Le Théatre represente une Salle.

SCENE PREMIE'RE.

CARISELLI seul.

Erché, crudo Amore,
Con tanto rigore,
Hai ferito il core
Del povero Cariselli.
Vagho tra gli vaghi !
Pulito tra gli Puliti !
Ed bello, tra gli piu belli.

DIVERTISSEMENT
COMIQUE.
CARISELLI.

Le Théatre represente une Salle.

SCENE PREMIERE.
CARISELLI seul.

Ourquoy, cruel Amour,
Avec tant de rigueur,
As-tu blessé le cœur
Du pauvre Cariselli.
Luy qui passe pour aimable, entre les plus aimables,
Pour joly, entre les plus jolys,
Et pour beau, entre les plus beaux.

F ij

La Nemica forte,
Mi fece Amante
D'una Bellezza,
Chi mi fprezza
Non fo, non fo perche!

Perche, crudo Amore,
Con tanto rigore,
Hai ferito il core
Del povero Carifelli.
Vagho tra gli vaghi!
Pulito tra gli Puliti!
Ed bello, tra gli piu belli.

La Fortune ennemie,
M'a fait Amant
D'une Beauté,
Qui me méprise;
Je ne sçay pourquoy!

Pourquoy, cruel Amour,
Avec tant de rigueur,
As-tu blessé le cœur
Du pauvre Cariselli.
Luy qui passe pour aimable entre les plus aimables,
Pour joly entre les plus jolis,
Et pour beau, entre les plus beaux.

SCENE SECONDE.

CARISELLI, trois PANTALONS.

Les trois PANTALONS.

BOndi, Cariſelli, bondi.
Sanita.
Allegrezza.
Quanto vivra
Queſto guidon in ſanita

CARISELLI.

La belta ch'adoro.
Mi trova un poco bruto :
Fate mi ſe ſi può
La piu bella Creatura
Chi ſia n'ella natura.

Les trois Pantalons habillent croteſquement Cariſelli.

TOUS TROIS.

D'alla baretta
Ogni coſa aſpetta.
Sanita,
Allegrezza,
Quanto vivra
Queſto guidon in ſanita.

SCENE SECONDE.

CARISELLI, trois *PANTALONS.*

Les trois PANTALONS.

BOn jour, Cariſelli, bon jour.
Santé,
Allegreſſe,
Tant que tu vivras,
Puiſſent-elles te conſerver ſain & ſauf !

CARISELLI.

La Beauté, que j'adore,
Me trouve paſſablement laid :
Rendez-moy, ſi cela ſe peut,
La plus belle Creature
Qui ſoit dans la nature.

Les trois Pantalons habillent croteſquement Cariſelli.

TOUS TROIS.

De cet ajuſtement,
Attends toute ſorte d'effets.
Santé,
Allegreſſe,
Tant que tu vivras,
Puiſſent-elles te conſerver ſain & ſauf !

SCENE TROISIE'ME.

Vafrina, aimée de Cariselli, vient avec son Amant Garbini suivis d'une troupe de Masques.

CARISELLI à VAFRINA.

BElla Ingrata, pieta.

VAFRINA se mocquant de Cariselli.

Voi sete il ristoro,
Di questa mia vita;
De l'alma gradita,
Mio caro tesoro !

A Garbini.

Voi sete lo core,
Di questo mio petto,
Che fatto sogetto
E schivo d'Amore

VAFRINA è GARBINI.

Voi sete il ristoro
Di questa mia vita;
De l'alma gradita,
Mio caro tesoro.

SCENE

SCENE TROISIEME.

Vafrina, aimée de Cariſelli, vient avec ſon Amant
Garbini, ſuivis d'une Troupe de Maſques.

CARISELLI à VAFRINA.

BElle Ingrate, Pitié.

VAFRINA ſe mocquant de Cariſelli.

Vous faites tout le plaiſir de ma vie ;
Vous étes le plus cher tréſor de mon ame !

A Garbini.

Vous êtes le Cœur de cette poitrine,
Qui eſt devenuë la ſujette & l'eſclave d'Amour.

VAFRINA & GARBINI.

Vous faites tout le plaiſir de ma vie ;
Vous êtes le plus cher tréſor de mon ame.

G

CORO.

Si canti, si goda,
Si balli, si rida,
Non si parli di dolor,
Doue splende la face d'Amor.

Fin du Divertissement & du Ballet.

LE CHOEUR.

Rions, chantons, dansons, montrons nôtre Allegresse,
Qu'on ne parle plus de tristesse
Où brille le flambeau d'Amour.

Fin du Divertissement & du Ballet.